AF388725

VIE

DE M. L'ABBÉ

SOUQUET DE LATOUR.

3614

L²⁷n 19107 A

Il avait le talent, les vertus en partage
Et fit du bon pasteur une vivante image.

VIE

DE M. L'ABBÉ

SOUQUET DE LATOUR,

CURÉ DE SAINT THOMAS D'AQUIN.

Par un de ses anciens Collaborateurs.

Laudem ab hominibus non requirens, quantum in ipso fuit, omnes virtutes suas latere voluisset.
Sulp. Sev. in prœmio vitæ S. *Martini.*

Loin de rechercher la louange des hommes, il aurait voulu, autant qu'il etait en lui, leur cacher entièrement son mérite.

PARIS.
LÉAUTEY, IMPRIMEUR-LIBRAIRE,
Rue Saint-Guillaume, 21.

1852

BIBLIOTHÈQUE NATIONALE R. F. IMPRIMÉS

AVANT-PROPOS.

Nous n'avons pas la pré-
tention de faire un livre ; nous
nous bornons à écrire quelques pages bien simples comme celui à qui elles sont consacrées : toutefois elles ne
seront point sans intérêt, puisqu'elles offriront une esquisse,
incomplète sans doute , mais

fidèle, d'une vie qui fut si pleine sous tant de rapports. Un tel sujet ne peut manquer de lecteurs. Nous regrettons qu'il n'ait point été traité par une plume plus exercée que la nôtre; mais, tout en reconnaissant notre impuissance, nous nous félicitons de pouvoir rendre un faible hommage à la mémoire chérie et vénérée d'un prêtre éminent qui réunissait tant de vertus à tant de savoir. Incomparable trésor, nous avons pu, mieux que beaucoup d'autres, le connaître et l'apprécier; car nous avons eu le bonheur de vivre longtemps dans l'intimité de M. de Latour. Après avoir été le guide de notre enfance, il dirigea nos premiers pas dans le sanctuaire, et, depuis, il daigna constamment nous honorer de toute son estime et de toute son affection. Nous acquittons donc une dette de la reconnaissance. On peut nous rendre d'ailleurs la justice que nous méritons : nous n'aurons rien exagéré, nous serons resté au-dessous de la vérité ; mais nous n'aurons rien dit que d'exact. Nous sommes sûr d'édifier, et c'est là tout notre but.

VIE

DE M. L'ABBÉ

SOUQUET DE LATOUR.

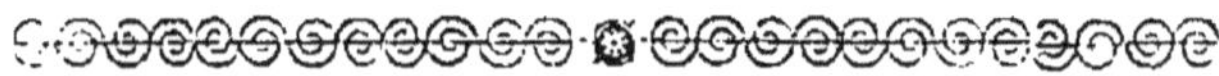

CHAPITRE PREMIER.

Jean-François-Guillaume Souquet de Latour naquit à Craménil, hameau de la basse Normandie, le 13 décembre 1766, le dernier de cinq enfants. Son père, capitaine de cavalerie dans la compagnie de Luxembourg, et chevalier de St-Louis, n'avait qu'une fortune fort médiocre; les dépenses qu'exigeait sa position, absorbaient la majeure partie de ses faibles ressources. Il fallut tout l'ordre, toute l'économie qu'apporta son épouse pour élever convenablement, dans une situation si restreinte, les quatre garçons et la fille qui avaient été le fruit de cette union.

La Providence réserva de douloureuses épreuves à cette digne mère qui, après s'être imposé tant de privations et de sacrifices, se vit successivement enlever trois de ses fils ; la mort ne put frapper autour d'elle tant de coups sans faire saigner cruellement son cœur. Sa fille ne tarda pas à être perdue pour elle ; une vocation irrésistible l'appelait dans le cloître : la pauvre mère dut s'en séparer. Il ne lui resta plus que le jeune Souquet de Latour, et désormais se concentrèrent sur lui toutes ses espérances. Elle le destinait au service, et elle le fit placer, dès l'âge le plus tendre, au collége de Beaumonten-Auge, parmi les élèves entretenus aux frais du Roi.

Cet enfant était doué des plus heureuses qualités; elles ne pouvaient manquer de se développer sous d'habiles maîtres. Il se distingua par sa docilité, son application et ses progrès. Son caractère doux et timide semblait indiquer de sa part des dispositions peu martiales : c'est ce que reconnut bientôt un inspecteur des écoles militaires qui n'avait pas moins de piété que de savoir. M. de Reynaud, c'était le nom de cet estimable fonctionnaire, comprit tout d'abord que la carrière des armes n'était point le fait de cet enfant. Il devina sa vocation , l'exhorta à la suivre, et lui en ménagea la facilité .

En effet , au bout d'un an , le jeune de Latour, qui avait goûté ses sages avis , entrait , par ses soins , au collége de La Flèche, où les bontés du Roi entretenaient cinquante aspirants au sacerdoce. Dans leur nombre, se trouvait alors un jeune homme que sa naissance et son mérite appelèrent plus tard aux premières dignités de l'Église :

Mgr. de Pins, qui devint archevêque d'Amasie et administrateur apostolique du diocèse de Lyon, et qui, dans son élévation, n'oublia jamais son ancien condisciple, et se plut à lui donner, en toute circonstance, les témoignages les plus flatteurs de son estime et de son affection.

Cependant les mois et les années s'écoulaient, et le jeune de Latour profitait toujours davantage de l'éducation qui lui était donnée. Son goût pour l'étude et pour la piété se fortifiait de plus en plus;

ses succès, loin de se démentir, devenaient toujours plus marqués : dans sa conduite, comme dans son travail, c'était le type d'un excellent écolier. Il ne laissait pas d'être fort espiègle, et ses espiègleries, dans un âge encore fort tendre, décélaient déjà cet enjouement malicieux, qui, plus tard, lui inspira tant de piquantes saillies.

Le jeune de Latour songeait sérieusement à entrer dans les ordres : sa vocation s'affermissait de plus en plus. Toutefois, il éprouvait encore quelque irrésolution, quelque incertitude. Ce qui acheva de le fixer, ce fut la détermination d'un de ses condisciples plus âgé que lui. Il vit ce pieux jeune homme, descendant de Malherbe, renoncer à tous les avantages que pouvaient lui assurer dans le monde sa naissance et ses moyens. Cet exemple fit sur lui une vive impression ; les conseils y ajoutèrent une nouvelle force. Il se laissa donc volontiers guider par son ami dans une voie vers laquelle il se sentait intérieurement de l'attrait. Dès ce moment, il ne balança plus : son choix fut fait. Rien ne put désormais ébranler sa résolution.

Sa mère, qui, depuis la mort de ses autres fils, fondait sur cet unique rejeton toutes ses espérances, n'avait point le courage de consentir à un sacrifice qui lui enlevait son dernier appui. Son fils ne se rebuta point : il redoubla ses instances, mais il n'obtint rien. Elle espérait par un refus persévérant triompher de sa persistance ; mais elle dut enfin céder. Elle venait de recevoir une lettre des plus pressantes, des plus pathétiques ;

un mot bien sec fut toute sa réponse : « Faites tout ce que vou-
drez. » Il ne demanda rien de plus :
c'était tout ce qu'il désirait. Heureux d'un consentement en quelque sorte enlevé de force, il s'em-
pressa de porter cette agréable nouvelle à son supérieur, le père Cor-
bin, homme d'un mérite distingué,
qui était plein d'affection pour lui
et l'honorait particulièrement de
ses bontés. Ce digne père partait
pour Versailles ; il venait d'être
chargé de l'éducation de cet inté-
ressant Dauphin, qui, moins à

plaindre que son frère, mourut à Meudon, avant les jours désastreux prêts à fondre sur sa famille et sur la France : voilà sans doute pourquoi il ne songea pas même à se faire exhiber la lettre de la mère.

Quoi qu'il en soit, le sanctuaire ne tarda point à s'ouvrir pour le jeune de Latour, qui, résolu de se dévouer à l'enseignement en se consacrant au sacerdoce, apporta à l'étude une nouvelle ardeur pour se rendre digne de cette double mission. A peine engagé dans les ordres, et n'étant encore que novice, il dut donner ses soins à la première enfance : tâche aussi importante que pénible. On ne saurait assez dire tout ce qu'il y mit de zèle et de constance. Il sut se faire généralement aimer de ses petits élèves, dont les progrès attestaient sa singulière aptitude et sa rare habileté : succès modeste qui décélait déjà toutes les qualités d'un maître consommé. Cette classe élémentaire qu'il faisait si bien, n'était guère propre à lui inspirer le goût de la littérature et de la poésie latine ; mais ce goût était inné chez lui. Il le cultiva avec passion, sans préjudice, toutefois, pour des occupations peu attrayantes qu'il ne lui sacrifia jamais.

Son enthousiasme pour Claudien ne lui fit point négliger le rudiment ni oublier des devoirs bien arides. Il avait rencontré dans son *Gradus* quelques vers de ce poète ; son imagination s'était montée : il ne voyait rien au-dessus de cet auteur. Il était impatient de faire avec lui une plus ample connaissance. Son impatience s'accrut des obstacles mêmes. Il avait demandé le volume au bibliothécaire, qui le lui refusa, parce qu'il était loin de partager un enthousiasme qui ne lui paraissait point sans danger. Ce refus, motivé sur les défauts d'un poète plein d'enflure et d'incorrection, ne fit qu'irriter son désir ; c'était, comme il le racontait lui-même, une sorte de fièvre, presque du délire. Il ne rêvait plus qu'à Claudien ; il voulait à tout prix se le procurer. Il le cherchait partout : enfin le hasard le lui fit trouver chez un bouquiniste qui étalait à la porte même du collége.

Il fut au comble de ses vœux, et se mit sur-le-champ à étudier en secret son auteur favori.

Il était tombé tout d'abord sur un des plus beaux endroits, l'*Assemblée des Furies*, au commencement des invectives contre Rufin. Le voilà aussitôt à l'œuvre. Le morceau est traduit d'inspiration : or, il était d'usage chez les doctrinaires que chaque jeune professeur débitât à son tour, au réfectoire, devant les anciens, quelque composition de sa façon, *vers, prose, thème, version*. Il lut, en présence de cette espèce d'aréopage , le texte et la traduction. On fut frappé des beautés de l'original; on applaudit au talent du traducteur. Encouragé par ce succès, il poursuivit son travail avec ardeur, et, comme il y consacrait une partie des nuits, il eut bientôt achevé de traduire l'*Enlèvement de Proserpine*.

Mais déjà grondait la tempête qui allait l'arracher à ses études favorites. L'approche du péril ne l'avait point empêché de faire un dernier pas dans le sanctuaire : il reçut la prêtrise des mains de son évêque, qui, peu de temps après, fut obligé de prendre le chemin de l'exil. La maison où il avait été élevé, et où il professait après avoir embrassé l'institut de ses maîtres, eut la destinée de tous les établissements religieux. Le jeune doctrinaire dut quitter ce cher asile, et se dérober par la fuite aux dangers qui menaçaient sa tête. Prêtre fidèle, il était surveillé comme suspect, et déjà on se disposait à l'envoyer à Nantes où il aurait eu le sort de tant de victimes. Il échappa ainsi aux noyades qui ont voué

à l'exécration le nom de Charrier.
La Providence veillait sur lui : il
put gagner Paris et s'y cacher.

CHAPITRE II.

—❋—

Le jeune de Latour avait trouvé dans la capitale un ancien collègue et de bons parents, écuyers du Roi. Les soins les plus affectueux lui furent prodigués : on ne le laissa manquer de rien. Mais quelque bien qu'il fut, il ne voulut point rester indéfiniment à la charge de ceux qui l'avaient si généreusement accueilli ; il songea donc à se créer des ressources. L'enseignement pouvait lui procurer des moyens d'existence : pour lui c'était satisfaire un double besoin.

Une éducation particulière n'était pas chose facile à rencontrer dans de telles circonstances. Ses recherches, pourtant, furent couronnées de succès, et il entra chez le fils d'un fermier général, M. de Laage, en qualité de précepteur de ses jeunes enfants. C'était une maison des plus respectables ; la piété et les plus nobles vertus y florissaient. On ne pouvait manquer d'y apprécier un instituteur aussi bien choisi. Il fut entouré d'égards et d'attentions de tout genre. On le regardait comme de la famille, et il payait, par son zèle et par son dévouement, des procédés si touchants et si délicats. M. de Laage habitait alors le château de Petit-Bry , douce et agréable retraite, mais qui, dans ces tristes jours, avait perdu tous ses charmes.

Les bruits les plus sinistres, les plus alarmantes menaces ne permettaient plus d'y goûter quelques instants de calme. On y était sur un qui vive continuel; on s'attendait à chaque moment à quelque visite domiciliaire; on avait toujours en perspective la prison et l'échafaud. C'étaient là les douceurs d'une époque de spoliations et de meurtres.

A l'apparition du décret qui menaçait de déportation sur les côtes d'Afrique quiconque recèlerait un prêtre non assermenté, M. de Latour prit la résolution de quitter une famille que sa présence pouvait compromettre. Il était prêt à braver lui-même tous les périls plutôt que d'y exposer des bienfaiteurs qu'il chérissait. Aussi voulait-il partir aussitôt, avec la détermination d'aller immédiatement à Paris se constituer prisonnier ; mais on s'y opposa formellement, et on le conjura de n'en rien faire. Il y eut de part et d'autre une admirable lutte de sentiments généreux. Il fallut que l'instituteur promit de ne point abandonner ses élèves. Il resta donc, vaincu par les touchantes paroles du vénérable grand père : « Mon ami, lui dit-il, soyez tranquille. Nous mettrons en commun toutes nos peines. Mais demeurez avec nous : prenez-en l'engagement. » Il le prit en effet : son cœur ne pouvait résister à un tel langage.

Comme il tremblait de causer la perte de ses dignes hôtes, il apporta plus de réserve et de circonspection que jamais ; en conséquence il se hâta de faire disparaître une foule de papiers plus ou moins compromettants. Il savait que l'ignorance et la prévention se faisaient des armes de tout, dans un temps où le ridicule et l'atroce se don-naient la main.

L'auto-da-fé fut complet. Cependant quelques feuilles du journal de Royou avaient échappé aux flammes. Peut-être tenait-il à les garder? peut-être ne croyait-il point nécessaire de les sacrifier? peut-être même leur conservation n'était-elle que le résultat d'un oubli ou d'une mégarde?

Mais un soir, il était fort tard,

et il venait de se coucher. Voilà que tout à coup ces feuilles lui reviennent à l'esprit : il s'en préoccupe vivement, reconnaît qu'il a tort de les avoir conservées jusqu'ici, y voit un danger réel, et se promet de les brûler dès le lendemain. Vainement il veut s'endormir ; il est sans cesse assailli par la même pensée, qui ne lui permet point de prendre de repos. Il pourrait se faire que le matin il ne fût plus temps. Poussé par une force presque irrésistible, il se lève : minuit sonnait. Les journaux flambent. Soudain il se fait dans l'escalier un bruit inaccoutumé; on frappe à sa porte en criant : Ouvre, ouvre. — Patience, je sors du lit; donnez-moi le temps de me vêtir. — Dépêche-toi; ouvre toujours; et l'on frappe à coups redoublés. On entre; on voit au foyer les débris fumants. On demande ce que c'est : examinez, c'est toute sa réponse. On remue cet amas de papiers brûlés; on ne trouve que des cendres qui ne peuvent fournir le moindre indice. L'avertissement lui était venu du Ciel, et le plus bref délai l'eût infailliblement perdu.

Le château avait été envahi par la force armée. On fit partout des perquisitions minutieuses. Tous les membres de la famille de Laage furent enlevés et conduits sous bonne garde à Paris. M. de Latour eut le même sort. Mais toutes les prisons regorgeaient : tant les vides que faisait chaque jour la faux révolutionnaire, étaient promptement remplis; tant était grande la multitude des malheureux que ne se lassaient point d'y envoyer les impitoyables pourvoyeurs de l'é-

chafaud ! On les déposa provisoi-
rement dans une maison située cul-
de-sac Dauphin, qui avait été trans-
formée en maison d'arrêt. L'abbé
de Latour y trouva parmi des personnes de distinction le célèbre abbé Sicard. Les prisonniers de cette
époque étaient toujours sûrs de rencontrer dans leurs compagnons d'infortune des gens de bonne compagnie. Trois fois il sortit de cette
maison pour être conduit à la Force,
et trois fois il eut le bonheur de
n'y point entrer. Ce fut l'effet de
circonstances toutes providentiel-

les, dont le souvenir mérite d'être conservé.

La première fois, il était seul ; il n'y avait point de place : tout était plein. Le geôlier vint à la voiture, lui demanda s'il avait un matelas et une couverture : à cette condition il lui aurait fait la grâce de le recevoir. Je n'ai pas même un bonnet de nuit, répondit-il avec calme à son farouche interlocuteur : j'ai été pris à l'improviste, et j'ai pensé, d'ailleurs, qu'on se chargeait ici de tout. — En ce cas, va-t'en, reprit celui-ci d'une voix rauque, je n'ai que faire de toi ; et il ajouta avec humeur, en s'adressant aux gendarmes qui accompagnaient le prisonnier : ramenez-le où vous l'avez pris. Ce qui fut fait.

A quelque temps de là, il y fut reconduit : cette fois il n'était point seul. On lui avait accolé un voleur. L'autre jour, se dit-il à lui-même, il n'y avait pas place pour un, qui sait s'il y en aura aujourd'hui pour deux. Cette réflexion fit qu'il ne se pressa point de descendre. Il laissa poliment passer avant lui son honnête compagnon ; celui-ci fut introduit. Il ne revint point : il avait trouvé gîte. Tout cela avait demandé du temps. Les gendarmes, pour acompagner le premier prisonnier, avaient dû s'éloigner de la voiture où était resté M. de Latour. On le pressait de profiter de leur absence ; on promettait de favoriser sa fuite. — L'occasion est bonne : ne perds pas un instant ; sauve toi bien vite. — Je ne crains rien, répondit le jeune prêtre : je suis fort de ma conscience. Je me garderais bien de fuir. D'ailleurs, cette invitation était-elle bien sincère ?

N'était-ce pas un piège? Peut-être ceux qui lui conseillaient de fuir, auraient été les premiers à l'arrêter. La tentative lui parut trop périlleuse. Il jugea prudent de n'en rien faire et d'attendre : il fut donc encore ramené. Ce fut pour faire un troisième voyage, qui n'eut pas plus de résultat.

Cette fois il était seul entre deux soldats, dont l'un dit à l'autre : « Camarade, qu'allons-nous en faire? Puisqu'on n'en veut pas ici, il est tout simple de le conduire ailleurs. Prison pour prison, qu'importe? L'essentiel est de le déposer quelque part.» Le cocher reçoit en même temps l'ordre de prendre la direction des Madelonnettes. L'abbé de Latour avait gardé le silence. Une bonne partie du chemin était déjà faite, lorsqu'il crut devoir rappeler à ses conducteurs leur consigne et l'obligation de s'y conformer. — Vos ordres portent-ils de me mener aux Madelonnettes, dans le cas où je ne pourrais être admis à la Force? — Non. — Mais le devoir des militaires est de s'en tenir à la lettre; ils ne peuvent s'en écarter sans danger. Vous sentez, mes amis, que si je vous engage à me ramener là où vous m'avez pris, c'est plutôt dans votre intérêt que dans le mien; car, pour moi, c'est chose assez indifférente. Aujour-d'hui il n'y a point de place, mais demain ou après demain il y en aura. Il ne s'agit peut-être que d'un délai de quelques heures : voyez si cela vaut la peine que j'y attache quelque importance. Mais vous pouvez encourir une grave responsabilité, et je serais désolé que vous fussiez sévèrement puni

à cause de moi. Ces braves militaires convinrent qu'il avait raison.
Le conseil fut aussitôt adopté. Le
cocher rebroussa chemin, et bientôt l'abbé de Latour rentrait dans
la maison d'arrêt : il était sauvé.
La protection divine pouvait-elle
être plus sensible. Aussi l'abbé Sicard lui disait-il à cette occasion :
Mon ami, vous seriez déjà sur
l'échafaud que vous échapperiez
encore.

C'était dans la nuit de la Tous-
saint qu'avait eu lieu cette dernière
promenade. Il retrouva sa cham-

bre; mais on avait disposé de son lit; il passa le reste de la nuit au coin du feu, dans la compagnie de Claudien, son poète favori, qu'il ne quittait plus. Il avait repris avec bonheur une traduction qu'il avait interrompue à regret. Il ne songeait ni aux dangers qu'il avait courus, ni à ceux dont il était encore menacé : sublime impassibilité qui était fondée sur la pratique du devoir et l'amour de l'étude.

Mais, sur ces entrefaites, la famille de Laage avait été momentanément élargie. D'utiles influences employées en faveur de l'abbé de Latour, allaient avoir un plein succès. Le jour des Morts, vers minuit, on l'appelle : les membres du comité lui annoncent qu'il est libre. Ils sortaient de table ; un bon souper les avait tout-à-fait humanisés. Il profite de leur belle humeur pour leur demander un certificat avec lequel il puisse rejoindre ses élèves qui étaient restés sous la garde d'un fidèle domestique. Cette faveur lui est octroyée, et il part sur-le-champ dans la crainte qu'on ne vienne à changer d'avis. Quel bonheur pour ces pauvres enfants, si douloureusement séparés de leur famille, que de revoir, dans leur isolement, ce digne précepteur, dont les soins leur devenaient plus nécessaires que jamais parmi les cruelles épreuves qui leur restaient à subir !

Cependant une loi de proscription était portée contre tous les fermiers généraux. M. de Laage ne pouvait être épargné : il fut envoyé à l'échafaud. Son fils allait périr comme lui ; il dut la vie à cette circonstance : Robespierre gracia quatre adjoints à la ferme générale dont faisait partie un de ses parents qu'il voulait sauver. Néanmoins, M. de Laage ne fut point rendu à la liberté : il dut encore longtemps gémir en prison. Durant sa captivité, il avait toutes les semaines la consolation de voir l'abbé de Latour qui lui apportait avec un pieux empressement des nouvelles de ses enfants, sans jamais tenir compte des difficultés qui auraient pu l'arrêter dans l'accomplissement de ce devoir.

Mais les fils de M. de Laage ne

tardèrent point à avoir aussi leur part des persécutions de cette horrible époque. Sans pitié pour leur jeune âge, on les contraignit à s'exiler du château de leur père avec leur précepteur. Ils dûrent chercher un modeste asile dans la forêt de Fontainebleau, près de Fleury. Privés de l'aisance dont ils avaient joui jusqu'alors, ils purent du moins vivre dans une sorte de calme et de sécurité, grâce à un bon et honnête villageois, maire de Saint-Martin-en-Bière.

M. de Latour aimait à raconter

comment il s'était fait dispenser du service auquel étaient alors tenus tous les citoyens dans leur commune. Etait-il de faction, il voyait dans tous ceux qui passaient autant de suspects et de conspirateurs ; il demandait les papiers : personne ne pouvait plus circuler. Pour ne point manquer à son devoir, il faisait main basse sur tout le monde. Ce zèle excessif lassa bientôt : on sentit tout ce qu'il y avait d'inconvénient à employer un étranger qui ne connaissait point les gens, et les faisait aller tous sans distinction au corps de garde. Il fut donc réformé : le stratagème avait parfaitement réussi. Ainsi débarrassé d'un service assez déplaisant, il put, dans sa paisible retraite, se livrer entièrement à l'étude : il donnait le jour à ses élèves et la nuit à son Claudien. Il est positif qu'il passa trois mois entiers d'un hiver rigoureux sans se mettre au lit ; un verre d'eau lui suffisait pour écarter le sommeil, et le travail commencé était repris avec une nouvelle ardeur.

Les fils de M. de Laage reçurent pendant six ans les soins éclairés et bienveillants de leur digne pré-cepteur. Les temps étant devenus moins mauvais, ils furent conduits à Paris, et placés dans une pension renommée où ils complétèrent leur éducation. M. de Latour avait été leur premier guide : il fut toujours leur ami.

CHAPITRE III.

—✳—

La révolution avait consommé la ruine de son honorable famille : autant par nécessité que par goût, il continua à se vouer à l'enseignement. Un précepteur dans une grande maison est un esclave : ce qu'il avait ignoré chez M. de Laage, il l'apprit bientôt par une pénible expérience. Cette carrière, qui de sa nature est si ingrate, fut pour lui féconde en épreuves de plus d'un genre ; il sut les supporter avec une admirable constance. Elles n'altéraient en rien l'égalité de son caractère ; il voyait toujours un côté plaisant qu'il saisissait à merveille. Il ne faisait que rire de tout ce qui aurait pu le blesser : il échappait ainsi aux ennuis et aux incommodités d'une position qui aurait été souvent intolérable. Il oubliait d'ailleurs avec les livres tous les désagréments que lui causaient les hommes.

Il était entré chez un prince qui avait de singuliers travers. C'était un homme de très grand appétit et fort gourmand, qui mangeait beaucoup, mais condamnait à une rude abstinence ses enfants et leur précepteur. Après avoir empli son assiette, il les mettait impitoyablement à la portion congrue. C'était, disait-il, d'un très-mauvais genre de manger comme des maçons. Souvent on se levait de table, mourant de faim : le prince seul avait dîné. Aussi, maintes et maintes fois, le bon M. de Latour allait secrètement à la provision et partageait ensuite avec ses élèves les petits pains et les gâteaux dont il avait garni ses poches. Les pauvres enfants! ils ne tâtaient, pas plus que leur maître, d'aucun mets friand. Le prince, après s'être copieusement servi, ne manquait pas de dire au domestique avec un imperturbable sérieux : ôtez ce plat. C'est trop bon pour être mangé ; vous me le garderez pour mon déjeûner.

M. de Latour avait fait une maladie : pendant sa convalescence, il mangeait au dessert des confitures. Il y avait tout au plus quelques jours qu'il en prenait, que le prince craignit qu'il n'y eût abus. Il se hâta d'y porter remède, en disant devant lui à la princesse, avec un agréable à-propos : ma chère, au train dont vont les confitures, il n'y en aura bientôt plus. Le convalescent se le tint pour dit ; il s'abstint désormais : il ne fit d'ailleurs aucune observation, car il était dans l'habitude de tout endurer sans se plaindre. Beaucoup d'autres auraient rompu à moins ; mais il s'attachait aux enfants, et il n'aurait pu les quitter sans qu'il lui en coûtât beaucoup. Il serait donc resté près d'eux, si on ne lui eût donné son congé à la suite d'une scène étrange, pendant laquelle il garda toute son impassibilité. Il prit au mot : on en eut presque aussitôt regret ; mais toutes les instances pour le retenir furent inutiles.

Ce qui étonne, c'est qu'il ait pu rester un an dans cette maison.

Mais il en resta neuf dans une autre : ce qui tient du prodige. C'était une très-honorable et très-digne famille ; mais la dame, qui était d'ailleurs une personne fort respectable, était de l'humeur la plus bizarre ; elle avait les manies les plus étranges, et faisait, sans le vouloir, le tourment de tout ce qui l'entourait. Ses enfants étaient les premiers à souffrir de ses excentricités ; le précepteur n'était point épargné : c'était un martyre de tous les jours. On ne conçoit point comment il put endurer si

longtemps des folies et des extra-
vagances qui n'ont point de nom :
il fallait , en quelque sorte , une
patience surhumaine. Il poussa la
complaisance et la bonté jusqu'à
l'héroïsme de la vertu. Un mérite
si élevé s'allie bien rarement avec
une si complète et si persévérante
abnégation. Sachant se plier à tout,
s'accommoder de tout, il tint bon
là, où tant d'autres avant lui n'a-
vaient fait que passer. Sa foi le sou-
tenait dans ces incessantes épreuves, et aux ressources qu'il trouvait dans sa piété, venaient se join-

dre les distractions de l'étude qui lui faisaient toujours oublier bien des ennuis.

Tout en remplissant avec zèle auprès de ses élèves les fonctions de précepteur, il se rendit utile comme prêtre, sans entrer toutefois dans le ministère. Il habitait la majeure partie de l'année une terre que la famille possédait dans le voisinage de la forêt de Villers-Cotterets. A cette époque encore bien rapprochée de la révolution, les vides dans le sanctuaire étaient immenses ; le manque de pasteurs

se faisait généralement sentir :
mais nulle part il n'était plus
grand que dans le diocèse de Soissons. Tout autour du château, se
trouvaient des paroisses qui étaient
demeurées veuves depuis la tour-
mente qui avait moissonné et dis-
persé la tribu sacerdotale. M. de
Latour, profondément touché d'un
si triste état de choses, offrit ses
services, et le digne évêque les
agréa. On le vit dès-lors officier
tous les dimanches et fêtes dans
deux églises. Non content d'y chanter la messe, il y faisait régulière-

ment une instruction qui était appropriée aux besoins de ses auditeurs, et, pour ne priver aucune de ces deux églises de l'office du soir, il ne reculait jamais devant la fatigue d'un double voyage.

Il eut même un moment la pensée d'accepter définitivement une paroisse ; l'autorité ecclésiastique était toute disposée à lui en donner une qui paraissait devoir lui convenir. Il était allé la visiter, et il avait demandé au préalable qu'on fît certaines réparations tant à l'église qu'au presbytère. « J'avais vu, à cet effet, racontait M. de Latour, le maire et les notables; ils m'avaient toisé de la tête aux pieds, et, ne m'accordant sans doute qu'une estime proportionnée à ma taille, ils avaient semblé se soucier assez peu de m'avoir; car ils mirent en avant mille difficultés, et il leur était absolument impossible de faire ce que je demandais. Toutefois, ils m'invitèrent à venir leur chanter la messe le dimanche suivant : c'était pour me juger en dernier ressort. Après la messe, ils avaient tout-à-fait changé de langage et de dispositions : ma préface les avait ravis. J'étais le curé qu'il leur fallait, et, pour m'avoir, ils consentaient à tout. » C'était un beau triomphe que quarante ans plus tard il rappelait encore avec le plus aimable enjouement.

Mais le projet resta sans exécution ; et, quoi qu'il pût lui en coûter d'ailleurs, il poursuivit la tâche qu'il avait entreprise, et acheva l'éducation qu'il avait commencée. S'il fut perdu pour le diocèse de Soissons, c'est que la Providence ne voulait point laisser s'enfouir dans une obscure campagne un mérite qui devait se produire avec plus d'avantage et de fruit au sein même de la capitale.

L'esclavage qui pesait sur lui, était assez dur pour lui en faire souhaiter ardemment le terme. Il avait pourtant trouvé le secret de faire dans l'occasion sa volonté. La dame prenait ordinairement le contre-pied, car la contradiction était le fond d'un caractère intraitable. Avait-il envie d'une chose, il fallait qu'il témoignât un désir contraire. Le stratagème réussissait à merveille : c'est ainsi qu'il échappa à un voyage dont il prévoyait tous les ennuis et tous les désagréments. Il aurait été immanquablement de la partie, s'il avait laissé voir qu'il ne s'en souciait nullement ; mais il eut grand soin de dissimuler, et, paraissant craindre tout autre chose que ce qu'il craignait réellement, il dit à la dame : J'espère bien que vous m'emmènerez. Que deviendrais-je, dans cette saison, seul à la campagne ? ce serait vraiment trop triste. — J'en suis fâchée, Monsieur, mais je n'ai que faire de vous, et vous resterez. Cette réponse était bien sèche; mais elle lui donnait toute satisfaction. C'était l'hiver; mais que lui importaient les rigueurs de la saison? Dans la solitude, avec ses livres, il goûtait un calme qui lui semblait bien doux. C'étaient pour lui, de précieuses vacances, pendant lesquelles il était affranchi de tracasseries sans nombre.

Cette éducation finie, il eut encore le courage de continuer une carrière qui avait été semée pour lui de tant d'épines. C'était une école où il se formait de plus en plus ; il y apprenait à posséder son âme dans la patience ; l'étude nourrissait son talent, en même temps que les épreuves fortifiaient sa vertu. Il se décida enfin à quitter l'enseignement où, pendant vingt ans, il avait trouvé tant d'amertumes et si peu de consolations, et le précepteur émérite se présenta pour occuper le dernier rang dans une paroisse de la capitale.

CHAPITRE IV.

———❦———

Une nouvelle carrière s'ouvre ici pour M. de Latour : il la parcourra avec autant de distinction que de zèle. C'est à la paroisse de l'Assomption, aujourd'hui la Madeleine, qu'il débuta dans l'exercice des fonctions du Saint Ministère. Il y fut d'abord attaché comme prêtre administrateur.

Le curé de cette paroisse était alors M. de Jerphanion, oncle de Mgr. l'archevêque actuel d'Alby ; c'était un homme d'une grande bonté et d'un esprit supérieur, qui, dans un corps presque éteint par des infirmités aussi cruelles que prématurées, avait une âme de feu. Lorsqu'il montait en chaire, on eût dit un mourant ; il semblait que les paroles dussent expirer sur ses lèvres. Mais il s'animait graduellement, parlait avec chaleur, et se faisait écouter avec un vif intérêt. On regrettait toujours que sa santé ne lui permît point de prêcher plus souvent. Ses prônes étaient des modèles du genre, de petits chefs-d'œuvre. Un homme de cette trempe ne pouvait manquer d'apprécier M. de Latour : aussi lui eut-il donné bientôt toute son estime et toute son affection. L'enjouement de son esprit, l'agrément de sa conversation, la finesse de ses réparties, charmaient ce vénérable vieillard, et abrégeaient

pour lui des heures rendues souvent bien longues par la souffrance. Jamais prêtre n'eut d'ailleurs
plus d'égards, d'attentions et de
prévenances pour un supérieur :
c'était, sans contredit, quelque
chose de touchant que de voir ce
pieux empressement, étranger à
tout calcul, exempt de toute affec-
tation, uniquement inspiré par un
sentiment tout filial.

M. de Latour se faisait aimer
de tous ses confrères ; il leur rendait volontiers service ; quoique
surchargé, il était toujours prêt

à les suppléer. Sans exigence personnelle, ne trouvant aucune fonction au-dessous de lui, il était là du matin au soir, et faisait volontiers tout ce qui était décliné par les autres. Il était impossible de mettre plus d'exactitude et de dévouement. Une plainte ou un murmure ne s'échappèrent jamais de ses lèvres, et jamais un nuage n'assombrit son front.

On lui avait confié le catéchisme des garçons ; il n'épargna ni le temps ni les soins : l'instruction était solide, la forme attachante.

Les enfants venaient avec plaisir recueillir des leçons si bien données, et quelque prolongés que fussent les exercices, ils ne témoignaient jamais ni ennui ni fatigue. Il régnait entre eux une salutaire émulation qui portait ses fruits. Chaque année l'excellent catéchiste éprouvait une douce jouissance à distribuer des encouragements et des récompenses dont il faisait lui-même généreusement tous les frais. Il en est encore qui conservent avec bonheur de beaux livres et des souvenirs de première communion, richement encadrés, qu'ils dûrent alors à ses libéralités : précieux dons qui, rappelant une époque d'une si haute importance dans la vie, ne sauraient jamais perdre de leur valeur.

Plus de six ans s'étaient écoulés pour lui dans ce laborieux ministère qui avait ses consolations, et, depuis quelque temps, il était devenu second vicaire de la paroisse. Dès que ce titre avait vaqué, M. de Jerphanion s'était empressé de le lui faire obtenir ; il était heureux de pouvoir lui donner ainsi un témoignage de tout son tendre attachement. Ce n'était d'ailleurs qu'un acte de justice envers un si digne collaborateur, et il n'avait pas prétendu faire autre chose, comme il le lui disait à lui-même avec toute la grâce et toute l'aménité qui le caractérisaient. Simple et modeste, M. de Latour était étonné qu'on eût pensé à lui ; il était le seul à ignorer un mérite qui, malgré lui, se révélait à tous les regards.

On l'avait vu à l'œuvre ; on savait de quoi il était capable ; on ne pouvait le laisser longtemps dans cette position. Un poste plus élevé devait lui être assigné ; en effet, il ne tarda pas à y être appelé. Ce fut pour lui comme un coup de foudre ; il fit tout au monde pour éviter un fardeau qu'il redoutait ; mais il fallut obéir. On se ferait difficilement une idée de la peine qu'il éprouva dans cette circonstance. Comme il était pâle, défait, consterné ! Ses yeux si vifs et si brillants nageaient dans les larmes : c'était un accablement profond qui allait presque jusqu'au désespoir ;

il était si humble, et il poussait si loin la défiance de soi-même ! En outre, il lui en coûtait tant de se séparer du respectable pasteur qui l'avait accueilli avec tant de bienveillance, et avec lequel il avait constamment vécu dans la plus étroite intimité. C'était près de lui que s'étaient passés, trop rapidement, hélas ! les plus heureux jours de sa vie. Il aimait à le répéter encore après bien des années, en exprimant toujours des regrets qui sont bien honorables pour la mémoire de M. de Jerphanion , et qui ne font pas moins l'éloge de son propre cœur où ne faillit jamais la reconnaissance.

CHAPITRE V.

—❧—

M. de Latour avait été nommé curé de Saint Louis-d'Antin. Dans cette paroisse, tout était à faire ; car il succédait à un vieillard fort respectable, dont on ne saurait trop louer les excellentes intentions, mais qui, depuis bien des années, retenu chez lui par les suites funestes d'un accident, ne pouvait s'acquitter, comme il l'aurait voulu, des devoirs de sa charge pastorale. Il était suppléé par un digne vicaire, qui lui-même était un vieillard, et qui, dès-lors, n'avait point toute l'activité nécessaire. D'ailleurs sa position ne lui donnait point assez d'autorité : eût-il eu tout ce qu'il fallait de force et d'énergie, il n'aurait pas complètement réussi; il lui aurait manqué ce qui n'appartient qu'au pasteur.

Sa main eût été trop faible pour bien diriger et bien conduire une paroisse si importante.

L'église se trouvait dans une sorte d'abandon vraiment déplorable ; elle était habituellement presque déserte. Cette solitude, au premier abord, affligea M. de Latour, sans, toutefois, le décourager ; il n'avait accepté le fardeau qu'en tremblant, mais, fort de son obéissance même, il se sentit plein d'ardeur pour triompher de tous les obstacles. La tâche était grande, difficile ; il s'y dévoua tout entier, et ce ne fut point sans succès. D'heureux résultats ne se firent point attendre : la paroisse eut bientôt pris un tout autre aspect. Que ne peut obtenir le zèle appuyé sur le talent et la vertu !

Sa sollicitude n'eut point de bornes, son activité fut infatigable. Il rendit aux offices leur pompe et leur dignité ; il apprit à les fréquenter. Ses prônes étaient singulièrement goûtés ; ils avaient un mérite réel ; on prenait plaisir à l'entendre ; il faisait aimer la parole de Dieu. De nombreux auditeurs se groupaient toujours autour de la chaire, quand il devait y monter. La voix de l'éloquent pasteur pénétrait jusqu'au fond des âmes. Tout en charmant l'oreille, il se rendait maître du cœur. Jamais il n'ambitionna une louange stérile ni de vains applaudissements. Loin de chercher jamais sa propre gloire, il ne se proposait que le salut de ses ouailles : c'était là son but constant et unique. Bien des conquêtes furent la récompense de vues si pures. Il acheva souvent au confessionnal l'œuvre qu'il avait commencée en chaire. On ne pouvait trouver un guide plus sage et plus éclairé. Tout inspirait en lui la confiance : aussi sa clientèle s'accroissait de jour en jour, et bientôt l'affluence devint si considérable, qu'il dut consacrer les matinées entières et les soirées à un ministère aussi consolant que pénible.

Il forma tout d'abord une congrégation de jeunes personnes qui prospéra par ses soins. Cette confrérie de la Sainte Vierge fut une source de bénédictions pour la paroisse. Il connaissait tous les avantages de ces pieuses institutions : c'est ce qui lui fit mettre tant d'empressement à en doter son église. Le dimanche et le jeudi, il y avait réunion, le soir, à la chapelle de la Sainte Vierge : c'était presque toujours lui qui présidait à ces exercices, et qui faisait l'instruction. Il improvisait avec facilité, et mettait toujours dans ses exhortations familières un intérêt qui en faisait oublier la longueur. Beaucoup de fidèles y assistaient, et l'auditoire s'étendait de la chapelle jusqu'au milieu de la nef : Dieu sait tout le bien qui se fit à cette occasion.

Il s'était entouré de jeunes collaborateurs, qui, façonnés à son école, le secondèrent admirablement ; il donnait une impulsion qu'ils étaient heureux de suivre. Les catéchismes, fort négligés jusque-là, prirent les plus utiles développements, et, s'ils n'atteignirent point encore la perfection où ils arrivèrent depuis, du moins y eut-il un pas immense de fait : c'était tout ce que permettaient les ressources dont on disposait alors.

L'amélioration était sensible, on en obtint d'excellents effets.

Désormais, la prière du soir fut accompagnée d'une instruction ; on devait y parler sur la vie du Saint, ou y traiter quelque sujet de piété. M. de Latour voulut avoir son jour; il donna l'exemple, et tous les ecclésiastiques de la paroisse firent comme lui, sinon avec le même succès, du moins avec le même zèle. C'était pour eux un exercice fort utile ; ils y acquéraient une certaine facilité, et se rompaient en quelque sorte au ministère de la parole. C'était en même temps un aliment pour la piété des fidèles. L'assistance était toujours plus ou moins nombreuse, et cette assiduité était une preuve de l'attrait que l'on avait pour la prière ainsi faite : un double bien se trouvait donc assuré par là. De vénérables curés de la capitale, qui avaient blanchi sous la charge pastorale, admirèrent une si heureuse idée, et témoignèrent le désir de la réaliser dans leur paroisse. Ils en furent au regret de n'avoir pu établir dans leur église ce qu'ils voyaient exister avec tant d'édification à Saint-Louis d'Antin : tout l'honneur et tout le mérite en restèrent donc à notre digne pasteur.

C'était à l'église qu'on était toujours sûr de le trouver ; on l'aurait cherché vainement ailleurs. Il ne paraissait jamais dans les salons ; c'était sans doute un tort, car il avait toutes les qualités que la bonne société prise le plus. Il y aurait eu des succès qui auraient tourné à l'avantage de la religion, et qui lui auraient assuré plus d'ascendant et d'influence dans l'intérêt même de

ses ouailles; mais il employait d'ailleurs si bien son temps, que tout
ce qu'il en aurait donné à cette
sorte de devoir, eût été dérobé à
la prière, à l'étude, au saint ministère. S'il poussa peut-être trop
loin sa répugnance pour les visites, rien, en revanche, n'égalait
son empressement pour aller voir
les malades, leur porter les consolations suprêmes, et les assister
dans tous leurs besoins. C'était surtout au chevet du pauvre qu'il se
plaisait : c'était là l'objet de sa pré-
dilection, la place qu'il cédait le

moins volontiers, et qu'il enviait toujours.

Il n'était presque jamais chez lui, et il fallait d'ailleurs renoncer à l'y trouver. Une consigne sévère interdisait l'accès de son appartement : Monsieur n'y était jamais, surtout pour les laïques. C'était pour ne point perdre des moments précieux, qui étaient toujours donnés à de sérieuses occupations ; c'était aussi pour se préserver de tous ces visiteurs qui, sous tous les prétextes et sous toutes les formes, cherchent, dans la capitale, à surprendre la bonne foi et à exploiter la bourse des ecclésiastiques, et, principalement, de MM. les curés, qu'ils savent être les dépositaires et les dispensateurs des aumônes.

Presque inaccessible à la maison, il était, à la sacristie, de l'accès le plus facile. Là, il écoutait volontiers tout le monde; son accueil était toujours plein d'affabilité, et, dans ses rapports de tous les instants, se manifestaient constamment l'aménité de son caractère et la bonté de son cœur. On lui trouvait alors tant de grâce et d'amabilité , qu'on aurait voulu triompher de ses répugnances et l'amener à des relations de société dont on comprenait tout le prix.

Les meilleures familles n'omirent rien pour attirer chez elles un prêtre, qui, à d'austères vertus, joignait la distinction de l'esprit et des manières ; mais les plus pressantes invitations restèrent sans résultat. Toutes les instances échouèrent : il tint bon contre tous les efforts et toutes les tentatives. Dans l'exercice de son ministère, il était

tout à tous : nul ne fut plus prodigue de lui-même. Hors de là,
c'était un ermite qui n'avait plus
de commerce avec personne : il en
plaisantait lui-même. Une excel-
lente dame qui l'aimait et le véné-
rait singulièrement, lui adressait à
ce sujet, comme tant d'autres, les
plus bienveillants reproches. —
« Madame, lui dit en souriant M. de
Latour, vous avez tort de désirer ma
visite : redoutez-la plutôt, car je
ne parais chez mes paroissiens que
pour leur porter l'extrême-onc-
tion. » C'est tout ce qu'elle en obtint.

La société qu'il aimait, c'était celle de son clergé. Il traitait fort honorablement les ecclésiastiques de sa paroisse, et il avait un grand plaisir à les réunir souvent à sa table : c'était là qu'il s'abandonnait à une douce gaîté, et qu'il laissait échapper les bons mots, les innocentes saillies, avec une bonhomie charmante qui en doublait l'agrément. Ces réunions étaient délicieuses ; il y régnait une si parfaite cordialité ! on s'y sentait si bien à l'aise ! Comme on s'y délassait agréablement des fatigues d'une journée dont tous les instants avaient été absorbés par un laborieux ministère ! car c'était d'ordinaire le dimanche, à l'issue des offices, que le digne curé s'entourait ainsi de son clergé. Les prédicateurs les plus distingués de la capitale, après avoir assisté à ces fêtes de famille, répétaient partout qu'ils n'avaient vu nulle part rien de comparable à ce qui se pratiquait à Saint-Louis d'Antin.

Cette paroisse possédait depuis dix ans M. de Latour ; mais elle était à la veille de le perdre.

L'heure du sacrifice approchait :
M. de Latour allait être appelé à
un poste plus important.

CHAPITRE VI.

—☙—

Rien n'avait encore transpiré dans le public, et cependant on pouvait déjà se douter que M. de Latour avait reçu quelque communication officielle. Pendant deux jours il garda un secret que, malgré tous ses efforts, trahissait son extérieur tout bouleversé : il était impossible de s'y méprendre pour peu qu'on l'observât. On le voyait morne, silencieux, avec tous les indices de la peine profonde qu'il cherchait à renfermer en lui-même. Cette lutte violente altérait encore plus sa santé que son humeur. Il avoua que, depuis la première ouverture qui lui avait été faite à ce sujet, le sommeil l'avait complètement abandonné pour le laisser en proie aux insomnies les plus cruelles.

Il avait espéré faire revenir l'autorité sur sa détermination ; il n'épargna aucune démarche dans ce but. A l'entendre, la charge qu'on lui avait imposée, était déjà bien au-dessus de ses forces; avec le nouveau fardeau qu'on lui réservait, il ne pouvait qu'être écrasé sous le faix. Pour prévenir ce malheur, il se dépeignait tel qu'il se voyait lui-même : l'humilité la plus sincère lui fournissait toutes les couleurs du tableau. Mais toutes ses représentations furent impuissantes ; c'est en vain qu'il supplia, qu'il conjura : ses prières et ses larmes n'obtinrent rien. Il n'avait fait que prouver encore mieux combien il méritait l'élévation qu'on lui destinait. Mgr de Quélen s'applaudissait trop de son choix pour consentir à y renoncer ainsi. La nomination était faite; elle fut maintenue : M. de Latour dut se soumettre. Il accepta sa nouvelle position comme un sacrifice : il redoutait si fort tout ce que d'autres pouvaient désirer!

Il était d'ailleurs si attaché à ce troupeau auquel il avait voué toute son existence, et dont il lui était si douloureux de se séparer. Ce fut un deuil universel dans la paroisse de Saint-Louis d'Antin, lorsqu'on sut enfin qu'on le perdait. Le clergé et les fidèles se confondaient dans d'unanimes regrets; la consternation était générale : hommage non équivoque, dont le touchant ensemble proclamait assez tout le mérite d'un pasteur justement vénéré. Il fut dignement remplacé; ses successeurs se distinguèrent par leur zèle et leur talent ; mais ils n'ont point fait oublier leur respectable prédécesseur. On se souvient encore aujourd'hui à Saint-Louis d'Antin du passage de M. de Latour : il y a laissé de ces souvenirs qui ne s'effacent point.

Ce fut au mois de février 1830 qu'il s'achemina vers le noble faubourg, et qu'il vint prendre possession de la cure de Saint-Thomas d'Aquin : l'accueil le plus flatteur l'y attendait. Sa réputation l'avait précédé ; il ne la démentit point, et la haute idée qu'on s'était formée de lui, fut pleinement justifiée. Tel on l'avait vu à Saint-Louis d'Antin, tel on le vit dans cette grande et brillante paroisse : le modèle des pasteurs. Les années ne diminuaient en rien son activité ; c'était toujours la même assiduité à toutes les fonctions du saint ministère, la même ardeur pour le travail. Il prêchait toujours avec la même grâce et la même facilité. La célébration des saints offices ne cessa de faire ses plus chères délices ; il oubliait toutes ses fatigues, et semblait reprendre une nouvelle vie, lorsqu'il officiait. Comme il savait y mettre de la dignité ! comme il conserva, jusque dans un âge fort avancé, de beaux restes de cette voix qui avait été si souple, si harmonieuse, qu'elle lui avait valu un jour cette plaisante exclamation d'un chantre de l'Opéra : — « Ah ! monsieur, quel dommage que vous vous soyez fait prêtre ! vous aviez une voix de 10,000 fr. » Il était alors à l'Assomption, simple prêtre administrateur. En l'entendant chanter, on se rappelait cette anecdote qu'il aimait à raconter, comme allant de pair avec celle des bons paysans du diocèse de Soissons, dont il avait également provoqué l'enthousiasme.

Toujours le premier à se rendre à l'église, toujours le dernier à en sortir, il passait un temps considérable au confessionnal : son zèle, à cet égard, était infatigable. A quelque heure que ce fût, il était toujours prêt à entendre ceux qui se présentaient : jamais il ne remettait à un autre moment, quelque besoin qu'il eût de repos. Ne l'a-t-on pas vu, lorsqu'il quittait l'église à deux heures de l'après-midi, encore à jeun, arrêté sur son chemin par une pauvre femme qui demandait à se confesser , retourner aussitôt sur ses pas sans s'inquiéter d'un jeûne déjà trop prolongé, dont il allait encore éloigner le terme ?

Mais rien n'égalait sa charité : ses mains étaient toujours ouvertes pour donner. Ses aumônes ne tarissaient point ; elles embrassaient tous les besoins ; il ne savait jamais opposer un refus. Montrait-il parfois à un pauvre une juste sévérité , lui adressait-il avec une cer-

taine véhémence des reproches
mérités, il ne tardait pas à se ra-
doucir, et finissait toujours par lui
glisser dans la main quelques piè-
ces de monnaie. Plus la réprimande
avait été verte, plus l'aumône était
abondante. C'était peu pour lui de
ne repousser aucune demande. Il
cherchait les misères cachées ; il
avait un merveilleux instinct pour
les découvrir : avec quel empressement et quelle générosité il les
soulageait ! Ce n'étaient pas seule-
ment des secours accidentels ; c'é-
taient bien souvent de véritables

pensions à échéance fixe. Les sommes ainsi distribuées s'élevaient chaque année à un chiffre considérable : ce n'est qu'au grand jour des manifestations que sera dévoilé tout le bien qu'il faisait dans l'ombre, heureux d'en dérober à tous les regards le touchant mystère !

Les œuvres de sa paroisse avaient à bon droit toutes ses préférences ; mais elles n'étaient pas exclusivement l'objet de sa sollicitude et de ses sacrifices. Ses pieuses libéralités ne s'arrêtaient point dans de si

étroites limites ; ses dons s'épan-
chaient au loin ; les nobles élans
de son cœur franchissaient toutes
les distances : aucune infortune ne
lui était étrangère. Il répondait
constamment par un large concours à l'appel fait à sa charité ;
cet appel même était superflu : il
le devançait. En effet, à la première
nouvelle des désastreuses inon-
dations de 1840, il écrit quelques
lignes, empreintes des sentiments
les plus délicats et les plus généreux, à son Eminence Mgr. le car-
dinal du Pont, alors archevêque

d'Avignon, en lui envoyant, pour l'aider à secourir ses pauvres inondés, une offrande de 500 fr., qui sera suivie de plusieurs autres.

Cet illustre prélat avait été prêtre administrateur de l'Assomption ; il y avait connu M. de Latour en 1817, et il avait, dès-lors, apprécié tout le mérite de ce digne ecclésiastique : aussi, ne cessa-t-il d'avoir pour lui des bontés toutes particulières. M. de Latour n'était pas ingrat : il répondit à tant de bienveillance et d'affection par une profonde reconnaissance et un dévouement sans bornes. Il honorait les distinctions qu'il recevait de son éminent ami, dont il fut le grand vicaire, d'abord à Avignon, puis à Bourges. Les pressantes invitations du prélat triomphèrent quelquefois de l'extrême difficulté qu'il y avait à l'arracher à la capitale et à sa paroisse, et la ville de Bourges se souvient encore de ces visites trop peu fréquentes, qui ne furent jamais infructueuses pour elle. C'est ainsi qu'en 1843, il présida, dans une salle de l'Archevêché, au tirage d'une loterie pour les Orphelines et pour le Bon Pasteur. Il fit, à cette occasion, un charmant discours de circonstance, qu'il termina en déposant une nouvelle offrande en faveur d'une œuvre pour laquelle il avait déjà témoigné son généreux intérêt : c'était un billet de 500 fr. Deux jours après, il faisait le prône dans la vaste église métropolitaine, où se groupait un nombreux auditoire avide de recueillir son éloquente parole; car son zèle n'avait pas plus de bornes que sa charité : faire le bien en passant, et le faire de toute manière, voilà quel était le repos de ce vénérable vieillard ; voilà comme il prenait ses vacances.

Il était impossible d'avoir des goûts plus simples et plus modestes. Ennemi de tout luxe et de toute recherche, il était aussi parcimonieux pour lui-même que prodigue pour les autres. Il recevait noblement; mais, à de rares exceptions près, c'étaient toujours des ecclésiastiques, surtout ceux de sa paroisse. Jamais curé ne traita ses collaborateurs avec plus de bienveillance et d'égards. Sa table était alors convenablement servie; il savait y mettre ce sel attique qui relevait si bien les mets, et faisait trouver tant de goût à ces réunions où régnait une gaîté si douce. C'était à Saint-Thomas d'Aquin comme à Saint-Louis d'Antin : il y avait porté le même esprit, les mêmes habitudes. Sa vie, d'ailleurs, était celle d'un anachorète : il mangeait fort peu et pratiquait un jeûne presque continuel, tant il y avait de frugalité dans le régime qu'il s'était fait ! Sa sobriété était telle, qu'il donnait tout juste à la nature ce qu'il ne pouvait lui refuser.

Son humilité était toujours ingénieuse à fuir toutes les occasions de se produire dans le monde où il aurait paru avec tant d'avantage ; il cherchait l'obscurité, comme d'autres cherchent l'éclat. Il n'aurait eu qu'à se laisser faire pour être élevé sur le chandelier ; mais il aurait plutôt, en toute hâte, mis la lumière sous le boisseau, afin d'échapper à ce qui n'était, à ses yeux, qu'un immense péril. C'est ainsi qu'il refusa, étant encore à Saint-Louis d'Antin, de s'asseoir à

la table de Mgr. l'évêque d'Her-
mopolis, qui ne l'avait invité que
par le désir de connaître personnel-
lement un prêtre éminent dont on
lui avait dit le plus grand bien , et
dans le dessein de l'appeler ensuite
à une dignité à laquelle ses vertus
et ses talents lui donnaient des ti-
tres. Il s'excusait alors en écrivant
au prélat, avec cet enjouement qui
lui était propre, qu'une si honorable invitation était sans doute
destinée à un autre, qu'elle n'avait
pu être adressée que par erreur à
un pauvre desservant qui n'était

pas digne d'une telle faveur, et qui devait, par conséquent, s'abstenir d'en profiter. Le prélat fit d'autres tentatives qui ne furent pas plus heureuses, et, sans approuver une résistance obstinée, il en respecta les motifs, et il n'en eut que plus d'estime pour le vénérable curé.

Mgr. Feutrier connaissait depuis bien des années M. de Latour, et il n'avait pas été étranger à sa nomination à Saint-Louis d'Antin. M. de Latour le voyait beaucoup; mais, en le félicitant de son élévation au ministère, il lui annonça qu'il devait s'attendre à ne plus le voir, tant qu'il serait ministre ; et, en effet, il tint parole. Mgr. Feutrier ne retrouva son ami qu'en perdant son portefeuille. Il est évident que M. de Latour avait une nature à part : il semblait toujours n'être préoccupé que du désir de faire avorter les vues qu'on avait sur lui.

Jamais il ne put se décider à paraître dans le monde officiel ; sa répugnance, à cet égard, était extrême, et, à aucune époque de sa vie, il ne la surmonta. Il n'accep-

tait aucune invitation de ce genre;
il ne manquait jamais de prétexte
et d'excuse. Une fois il avait reçu
deux invitations pour le même
jour ; il était ravi de cette coïnci-
dence : c'était une bonne fortune
dont il sut tirer parti. Vite il prit
la plume pour écrire aux deux per-
sonnages une belle lettre où il se
confondait en regrets les plus pro-
fonds : il ne pouvait aller chez tel
ministre, parce qu'il était invité
chez tel autre. Comme il s'applaudissait de l'expédient pour sortir
de ce qu'il appelait un mauvais pas.

Jamais il ne rit de meilleur cœur ; il avait une joie d'enfant : simplicité touchante, quand elle s'allie aux plus hautes qualités.

Il avait une extrême défiance de lui-même ; sa réserve égalait son savoir : aussi, dans les discussions, laissait-il parler les autres. Il se bornait, d'ordinaire, à observer en silence ; là où il aurait pu briller, il s'effaçait complètement. Qui ne l'aurait point connu, n'aurait jamais soupçonné qu'il était en état de si bien dire, tant il renfermait soigneusement en lui-même ce trésor d'érudition qu'il aurait pu produire avec tant d'éclat ! Il aimait, dans ces circonstances, à rester ignoré comme il s'ignorait lui-même : bien différent, en cela, du commun des hommes qui font volontiers parade de ce qu'ils savent, et même, dans leur présomptueuse confiance, cherchent à se donner une importance à laquelle, le plus souvent, ne sauraient atteindre leurs téméraires prétentions.

C'était encore ce même sentiment d'humilité qui lui faisait remplir volontiers les moindres fonctions dans son église. Les dernières n'étaient jamais trop petites à ses yeux ; il était toujours prêt à suppléer, au besoin, ceux à qui elles étaient dévolues : voilà comme il rappelait à chacun son devoir. On apprenait à être plus exact en le voyant remplacer ainsi quiconque n'était pas à son poste ; c'était, sans contredit, une monition bien puissante que celle-là : elle devait porter ses fruits.

L'étude était tout à la fois sa passion et son délassement ; les lettres avaient tout le temps que n'absorbaient point les travaux du ministère : il y consacrait les nuits. Durant bien des années, il ne donna que quatre heures au sommeil : c'est à ces longues veilles que sont dues ces nombreuses traductions qui se distinguent par leur élégante fidélité, et dont les préfaces offrent tant d'intérêt par tout ce qu'elles réunissent d'érudition, de finesse et de grâce.

Il possédait à peu près toutes les langues vivantes de l'Europe. Sa bibliothèque était tout son luxe ; mais ce n'était point un luxe stérile : il n'amassait tant de richesses que pour les exploiter. Toutes les littératures modernes lui étaient familières comme celles de l'antiquité. Il connaissait les écrivains de toutes les époques et de tous les pays ; l'auteur le plus ignoré comme le plus célèbre. Jusqu'au terme de sa longue carrière, il accrut son trésor, comme il ne cessa de se livrer à ses doctes travaux que la mort seule devait interrompre.

Pendant quarante ans, on le vit, fidèle à ses promenades favorites, toutes les fois que ses occupations lui permettaient un peu de relâche, explorer les quais et le quartier latin, et revenir toujours avec quelque acquisition nouvelle. Tout fier parfois de la découverte d'un bouquin poudreux, il le rapportait en triomphe comme une dépouille opime.

Toujours modeste, il le fut jusqu'à l'excès ; il cherchait à se cacher encore dans ce qui était destiné à le mettre en lumière. La peur d'une certaine célébrité l'obligeait à taire ou à dissimuler en tête de ses ouvrages un nom qu'il devait faire vivre. Ce nom, avantageusement connu dans les lettres, aura en partage une plus douce et plus solide immortalité : celle que lui assurent tant de vertus et de bonnes œuvres qui forment son auréole. C'est un nom inscrit dans le ciel et béni sur la terre.

CHAPITRE VII.

—❦—

M. de Latour avait toujours joui d'une santé parfaite, et, malgré une vie si active, si laborieuse et si pleine, il était arrivé à un âge avancé sans éprouver aucune des infirmités de la vieillesse. Il fut atteint, en 1838, d'une maladie fort grave. Ses jours se trouvaient sérieusement compromis; mais il n'avait pas encore rempli toute la mesure de bien que lui avait assignée la divine providence, et le Seigneur voulait ajouter quelque chose à la couronne qu'il lui préparait. Cette maladie ne fut donc point mortelle; mais elle fit voir tout l'attachement des ouailles pour leur pasteur, par les touchantes manifestations auxquelles elle donna lieu. M. de Latour fut rendu à la vie comme par miracle : que de gémissements,

que de prières , que de larmes
avaient sollicité cette gràce ! La
carrière du vénérable curé devait
encore se prolonger pendant des
années qui furent consacrées, comme les précédentes, à l'accomplissement de tous les devoirs et à la
pratique de toutes les vertus.

En effet, il continua d'être tout
ce qu'il avait été jusqu'alors, et il
ne se relàcha en rien de ses habitudes de zèle et de travail. Plus
qu'octogénaire , il publiait encore
des ouvrages qui témoignaient de
l'étendue de son érudition , de la

grâce de son esprit et du charme de son style, et il préparait des publications non moins intéressantes, entre autres, une traduction de Prudence, qui, nous l'espérons, ne restera pas inédite. Cette traduction, véritable service rendu à la religion comme aux lettres, couronnera dignement tant d'œuvres littéraires : nous ne doutons point qu'elle n'obtienne tout le succès qu'elle mérite.

Mais, tout en s'appliquant à ces doctes élucubrations, il n'était pas moins assidu à toutes ses fonctions pastorales. C'était toujours comme par le passé : le saint ministère absorbait toutes les heures du jour ; l'étude avait la meilleure part de celles de la nuit : il ne restait que bien peu de temps pour le repos et pour le sommeil.

Des accidents graves se renouvelèrent ; sa constitution si robuste en fut sensiblement altérée. Toutes ces atteintes successives inspiraient des craintes sérieuses ; mais il reprenait toujours le dessus, et on était étonné de tout ce qu'il conservait d'énergie et d'activité. Il semblait, d'ailleurs, que rien en lui ne vieillissait. La surdité dont il fut affligé dans les dernières années de sa vie, était l'unique tribut qu'il paya à l'âge. A cela près, on eût dit que chez lui le corps était, en quelque sorte, privilégié comme l'esprit et le cœur, tant ses facultés demeuraient toutes intactes, sans rien perdre de leur sève et de leur vigueur, malgré tous les coups qui venaient les battre en brèche.

Que ne se ménageait-il davantage? mais on ne pouvait obtenir qu'il se soignât, qu'il prît des précautions qui devenaient indispensables. Il fallait que ses forces épuisées l'abandonnassent complètement pour qu'il s'arrêtât. On était en juin 1850 ; depuis quelque temps, il était fort souffrant. On ne le voyait que trop, et son état donnait lieu à de vives inquiétudes ; mais lui seul paraissait ne point s'en apercevoir. Il était toujours là : les représentations n'aboutissaient à rien ; il ne s'épargnait aucune fatigue. Il voulut encore chanter la messe le jour de saint Jean-Baptiste; ce fut un dernier et suprème effort : il se mit aussitôt après au lit pour ne plus se relever! Le mal se manifestait avec des symptômes qui laissaient bien peu d'espoir. Toutes les ressources de l'art furent employées pour sauver le malade; elles ne purent que prolonger de quelques mois son existence. De nombreux abcès s'étaient formés aux jambes : les douleurs étaient atroces, mais elles étaient supportées avec un admirable courage. M. de Latour avait toujours su tout endurer.

L'homme patient ne s'était jamais démenti en lui, quelles que fussent les circonstances et les épreuves : ce qu'il avait été toute sa vie, il le fut jusque dans les bras de la mort.

Il se montrait plein d'égards et d'attentions pour tous ceux qui l'approchaient. Jamais il ne témoignait d'humeur : il était toujours satisfait, toujours reconnaissant des soins dont il était l'objet. Les médecins n'avaient jamais vu dans un malade tant de douceur et d'aménité. Les marques d'intérêt et d'amitié qui lui étaient prodiguées, le touchaient singulièrement ; il n'avait rien perdu de son exquise sensibilité ; mais, en même temps, quelle sérénité ! quel calme ! On ne le quittait qu'enchanté et attendri de l'accueil toujours si bon, toujours si affable qu'on avait trouvé. La souffrance physique n'altérait en rien un caractère qui n'avait jamais été plus égal. On le vit constamment le même dans tous ses procédés, dans toutes ses manières ; les personnes qui l'entouraient, n'eurent auprès de lui d'autre peine que de ne pouvoir le soulager. Content de tous les services qu'on lui rendait, n'ayant aucune de ces exigences qui sont parfois si fatigantes, il ôtait au dévoue- ment tout ce qui aurait pu en faire le mérite : les devoirs à remplir étaient si faciles ; ils coûtaient si peu.

Une foi vive et une tendre piété avaient été le mobile de toute sa vie ; il y puisait sans cesse toutes les inspirations propres à le soute- nir, à le fortifier dans cette lutte qui fut si longue et si douloureuse. Ses regards se fixaient sur le crucifix ; il unissait ses souffrances à celles de son Sauveur, et, dans cette union persévérante, il trouvait une inaltérable patience, une force invincible.

Dès qu'il eut connu la gravité de son état, il ne voulut point attendre que le danger fût imminent ; il demanda avec instance les derniers sacrements de l'Eglise, et il les reçut avec une édification bien touchante. Quelle profonde impression ne firent point sur le clergé de la paroisse, témoin de cette triste et imposante cérémonie, les paroles qu'il prononça au moment d'accomplir un si grand acte : paroles où il y avait tout à la fois tant d'humilité et tant d'onction. Comme elles reflétaient tous les sentiments , si éminemment chrétiens, qui remplissaient l'âme sacerdotale du vénérable vieillard ! Tous les cœurs en furent émus ; tous les yeux se mouillèrent de larmes. C'est un souvenir qu'on aimera à se rappeler : il est du nombre de ceux qui ne s'effacent point.

Mais M. de Latour n'était pas

encore arrivé au terme. Il fut encore ballotté quelque temps entre la vie et la mort, avant d'entrer dans le port de l'éternité. Dieu voulait achever de purifier une si belle âme dans le creuset de la souffrance ; il lui fit supporter avec une héroïque constance ce martyre prolongé : M. de Latour mourut enfin comme meurent les prédestinés.

Il aimait tant ses pauvres, il les avait tant recommandés ; il avait tant insisté pour qu'on ne les oubliât point, que ce sentiment en lui semblait survivre à tous les autres. Dans le délire de l'agonie, il répéta à plusieurs reprises, d'une voix défaillante : Mes pauvres! mes pauvres ! Ce furent ses dernières paroles; elles attestaient encore la tendre sollicitude du bon pasteur pour des besoins qui l'avaient toujours si vivement préoccupé. Ce fut le 9 septembre, à midi, au moment même où sonnait l'*Angelus,* qu'il rendit paisiblement le dernier soupir : il n'avait pas révolu sa quatre-vingt-quatrième année.

La nouvelle de sa mort causa

dans toute la paroisse une pénible sensation ; c'était un malheur prévu ; mais il n'en fut pas moins vivement senti. On le témoigna assez par le pieux empressement avec lequel on accourut aux funérailles ; elles furent célébrées avec toute la pompe convenable, au milieu d'un concours immense de fidèles qui manifestaient les plus touchants regrets. Un de MM. les archidiacres officiait en présence d'un nombreux clergé, parmi lequel figuraient en première ligne MM. les curés de Paris, ainsi que plusieurs ecclésiastiques distingués de la capitale. Sur le cercueil apparaissaient les insignes que le vénérable pasteur avait reçus du Souverain Pontife, et dont il avait fait un secret pour tous, dans son extrême modestie ; mais on n'y voyait point ceux que Mgr. Sibour s'était empressé de lui offrir, pour réparer ce qu'il appelait gracieusement un oubli, et que M. de Latour n'avait pas cru devoir accepter, par un motif plein de délicatesse qui honore son cœur en donnant une nouvelle preuve de ses sentiments si humbles et si modestes. Il ne pouvait, disait-il au prélat, consentir à porter la mozette qu'autant que ses deux plus anciens collaborateurs la porteraient comme lui : il aurait voulu leur voir une distinction dont il les jugeait plus dignes que lui.

Après l'office, le cortége funèbre s'achemina vers le cimetière du Mont–Parnasse. De religieux hommages accueillaient partout les restes du pasteur vénéré : il y avait autre chose que de la curiosité dans l'affluence qui se faisat sur le passage, témoin cet ouvrier qui, sortant en toute hâte de son atelier, criait à ses camarades : « Vous autres, venez donc en voir passer un qui en a fait du bien dans sa vie. » Cette parole, si simple, n'est-elle pas, dans son énergique et naïve trivialité, mille fois plus éloquente que les éloges les plus pompeux et les plus magnifiques !

M. de Latour était sans doute apprécié de tous comme un homme d'un grand mérite ; mais nulle part il n'était aussi bien connu que

dans la mansarde et le galetas,
théâtre habituel de ses pieuses libéralités. Il n'était pas une pauvre
famille dans le sein de laquelle il
n'eût caché quelque bienfait, et les
bénédictions de la veuve, de l'or-
phelin, de tant de malheureux qui
auraient péri sans sa charitable assistance, l'accompagnaient jusqu'à
la tombe, qui ne sera pas pour lui
la terre de l'oubli : la reconnaissance ne le permettra point. Ses
cendres reposent sous un même
marbre avec celles d'un jeune prêtre qu'il aima tendrement et qu'il

pleura amèrement : M. l'abbé Doucet, dont le talent et les vertus ont laissé, dans la paroisse de Saint-Thomas d'Aquin, de si honorables souvenirs (1).

Mais la mort ne devait pas mettre un terme à la charité du bon pasteur ; il avait eu soin de pourvoir aux intérêts de ses pauvres, en instituant son légataire universel, M. l'abbé Serres, son premier vicaire, qui avait toute sa confian-

(1) On trouvera, à la fin de cette notice, l'épitaphe placée sur la tombe de M. de Latour.

ce, et qui l'a si bien justifiée. Ce respectable ecclésiastique a consciencieusement rempli toutes les intentions de son vénérable ami, et les pauvres ont recueilli un modique héritage, qui était leur patrimoine. Par ses soins, le vœu le plus cher de M. de Latour va être réalisé. Un terrain a été acheté : la première pierre est posée, et bientôt le local sera approprié à une fondation, dont il avait tant à cœur de doter sa paroisse.

L'école gratuite de Saint-Guillaume, confiée aux frères de la

Doctrine chrétienne, sera, pour les classes pauvres du quartier, une source inépuisable de bienfaits. Toutes les jeunes générations, qui viendront successivement s'y former à la connaissance et à la pratique de tous les devoirs, apprendront à bénir la mémoire du digne fondateur, qui aura assuré l'existence d'une institution si salutaire. C'est ainsi que le bienfaiteur des pauvres, durant sa vie, le sera encore dans la suite des âges, et cette bonne œuvre, toujours subsistante, perpétuera le souvenir d'un nom à jamais cher et vénéré : souvenir qui, selon le langage de nos saints Livres, sera toujours suave comme le parfum le plus précieux, doux comme le miel le plus pur.

Nous donnons ici l'épitaphe qui orne son tombeau et qui résume, en peu de mots, une vie si pleine de charité et si riche en vertus.

Mais, pour la parfaite intelligence du commencement de cette épitaphe, il est nécessaire de faire observer que, conformément au vœu de feu M. le curé, son tombeau est placé près de celui d'un de ses prêtres, son disciple et son intime ami, auprès duquel il avait longtemps marqué la place.

Hic Jacet

Beatam Resurrectionem

Exspectans ,

Appositus Discipulo

Magister Reverendus ,

Guillelmus, Joannes , Franciscus

SOUQUET DE LATOUR ,

Vigenti Ab hinc Annis

Ecclesiæ Sancti Thomæ Aquinatis

Pastor Optimus ;

In Diebus Malis Benè de Religione

Meritus ;

Pietate, Scientiâ, Urbanitate, Sulmet Oblivione

Insignis ;

Oculus Cæco, Pes Claudo, Adjutor Orphano,

Pauperum Pater ;

Dierum, Virtutum ac Bonorum Operum

Plenus ;

Laboribus, Vigiliis, Doloribus

Confectus,

Omnibus Flebilis,

Ecclesiæ Sacramentis pluries refectus

Anno Salut. MDCCCL, Ætatis verò LXXXIV

Nonâ die Septembris

Ære sacro Incarnationem Annuntiante,

Diem Claudens ultimum,

IN PACE,

IN IPSO DEO

Dormivit ac Requievit.

Impr. LÉAUTEY, rue St-Guillaume, 21.

EN VENTE CHEZ AUG. VATON.

—

Ouvrages traduits par Souquet de Latour, et augmentés
de *préfaces* et de *notes*, par le traducteur :

Jésus enfant, poëme du P. *Ceva*, in-8° br. 6 f.

Christiade (la), poëme de *Vida*, in-8° br.. 5

L'Enfantement de la Vierge, poëme du
P. *Sannazar*, un vol. in-18............. 2

Guerre de Tripoli, poëme traduit du latin,
un vol. in-8°, broché 2

Petits Poemes latins, traduits en français,
un vol in-18, broché................. 2

Hyacinthe, Apôtre de la Pologne, poëme par
Leblanc, un vol................... 2

Xaveriade (la), poëme de *Simon Franck*,
in-8°, broché....................... 2

Massacre des Innocents, poëme par le
P. *Murini*, un vol. in-8° 4

www.ingramcontent.com/pod-product-compliance
Lightning Source LLC
LaVergne TN
LVHW020642200726
843508LV00002B/641